HIPÓSTASIS

HIPÓSTASIS
poemas

SEBASTIÁN CAMPO

PRÓLOGO

No sé por qué, solo sé, que, así se siente.

Es la respuesta que habita en nuestro cuerpo, cuando la experiencia del mundo y el intercambio social, nos atraviesan, y la relación entre causa y efecto no tiene moral, ni sentido, pero toleramos el dolor y la felicidad, siempre y cuando podamos explicarlo, pero, no toleramos la falta de explicación, y así nació este poemario, un intento de contarme la realidad, aunque, quién soy yo, para lograr semejante hazaña filosófica.

Consciente de mi ignorancia, con una sed de conocimiento moderada por las distracciones modernas, con un agujero negro en el pecho, intenté contestar una pregunta.

¿Por qué nos sentimos dignos de sentir lo que pensamos?

HIPÓSTASIS

Algo en mí, creó un escudo abstracto entre pensar y sentir, cavó un abismo que separa esos dos verbos, yo le llamo, el vacío de la razón, la mayoría de las ideas mueren al intentar cruzarlo, pues todos pensamos infinidad de posibilidades sobre la realidad de cualquier acontecimiento, creemos que percibimos todas las variables que influyen y que según nosotros así es, y pasamos directamente a sentir, con solo nuestra propia opinión, que no es nuestra, pues el lenguaje nos lo dieron con brújulas morales y dogmas culturales, identidad le llamamos, así creamos HIPÓSTASIS, consideramos lo abstracto o irreal como algo trascendental o real, haciéndonos un daño, por sentir con lo que el lenguaje disponible permite, por creernos capaces de percibir la realidad, sin cuestionarnos, sin subirnos a los hombros de los gigantes, sin leer la conversación milenaria de los filósofos, artistas o científicos, por sentir por defecto.

Los invito a conocer mi escudo, una fortaleza en el puente que une el pensar con el sentir, a través de preguntas, sobrevolando el vacío de la razón, no es perfecto, muchas ideas aún lo atraviesan con facilidad, causando ansiedad, estrés, o amor, a veces un color nuevo inimaginable derrumba todo, y solo puedo amarla a ella.

CONTENIDO

—No sé qué opina el mundo de mí, pero yo me siento como un niño que juega a la orilla del mar y se divierte descubriendo de vez en cuando un guijarro más liso o una concha más bella de lo corriente, mientras el gran océano de la verdad se extiende ante mí, todo él por descubrir.

ISAAC NEWTON

1 HUMANOS

"Antes veía la belleza de este mundo.
Ahora veo la verdad."
Jonathan Nolan

"Crear al observador de la conciencia,
capaz de dar cuenta de nuestros procesos mentales
y aquietarlos"
Chantal Maillard

"Yo no he hecho mis poemas
con las palabras de la rutina"
Walt Whitman

"¡Ay, es tan grande la sabiduría,
y tan varia la verdad!"
Emily Dickinson

"De quienes renuncian, en un momento dado,
a ser personajes de un libreto escrito por circunstancias
históricas, preñadas de la inercia del pasado y con conciencias
extorsionadas por prejuicios nunca antes cuestionados"
Odín Dupeyron

"Don't believe what you believe,
just 'cause that's how they raised you,
think your own thoughts, don't let them do it for you."
NF

"El lenguaje es una piel.
Yo froto mi lenguaje contra el otro"
Roland Barthes

SIENDO

Hola, Me presento,

No sé si logré hacer esto,

De contarles lo de adentro,

Este oscuro éxtasis,

Esa amorfa experiencia, que me representa,

Ese inconsciente que sobrevive,

A los años, a los libros, al otro,

Lo que no cambia ni el amor, ni el tiempo,

Lo que me hace ser yo y no tú,

Que trasciende la delicada sinfonía temporal,

De los átomos que decidieron Ser yo, y no árbol,

Que les tocó amar y ser amados,

Sin saber que es el amor,

Que les tocó preguntar, Sin saber pensar,

Que les tocó tocar, Sin saber sentir,

Que les tocó vivir, Para morir,

Conscientes de su inconsciencia,

Inventores de realidades falsas,

Construidas de sonidos llamados lenguajes,

Donde para cada uno,

soy eso que perciben,

pero no coinciden,

Seré la versión que mamá enfadada cuenta,

O la que murió con la sonrisa de la abuela,

Puede ser también la inocente creada,

Por el niño al crecer,

Soy a través de ustedes o fui alrededor de mí,

Ayer era amante, Hoy soy mortal y mañana será poeta.

CÓMO LLEGAMOS A ESTO

Escribir, en un bus,

El lápiz necesitaba quietud y luz,

La pantalla brillaba con su cursor,

Ansioso de empezar a andar,

Indiferente de la velocidad,

Pero no de los paisajes,

Ni de los pasajeros,

Cada uno aportando a la banda sonora,

Dominada por el viento y las ruedas,

Cada uno lleno de palabras y fines,

Todos un ornamento único de la sociedad,

Resultados del tiempo y la materia,

Rostros directo al spam,

Qué grandes historias guardarán,

Qué esperan cuando esperan aquí,

Porque no puedo dormir como ellos,

Porque no puedo esperar como ellos,

Estarán leyendo algo en sus casas,

Tendrán casa y familia, o amigos,

Sabrán por qué existimos,

Creerán que la vida tiene sentido,

Y si nos estrellamos, o si nadie nos espera al llegar,

Ninguno sabe nada, pero todos creemos,

Que esta noche será una más,

Mañana el paisaje estará ahí, esperando,

Que volvamos a pasar,

Como todos los días, a esta misma hora,

De este mismo sistema, de esa misma decisión,

¿Y, si nos estrellamos?

Para conocernos entre los escombros

De esta rutina.

NIETZSCHE

En el nombre de Dios, dicen hablar,

Pero todo lo que veo, es el poder que buscan.

Sus libros sagrados y oraciones en vano,

Porque lo que predican es sufrimiento y dolor.

Dicen que hay un propósito para nuestras vidas,

Que nuestro destino está escrito en los cielos.

Pero pregunto, ¿qué tipo de Dios podría planear,

Un mundo de tristeza y dolor sin fin?

La religión es una herramienta de los débiles,

Una muleta para los que no pueden pensar.

Nos roba nuestra fuerza y voluntad,

Y nos dice que aceptemos y creamos.

Lo que necesitamos, no es un salvador,

Pero si el coraje para enfrentar nuestro propio comportamiento.

Para crear nuestros propios valores y verdad,

Y vivir nuestras vidas con pasión y piedad.

Rechacemos las mentiras de la religión,

Para encontrar nuestro propio camino hacia la liberación.

Abracemos la vida con los ojos abiertos,

Y crear un mundo donde la humanidad prospere.

Juguemos con el lenguaje, sin olvidar que no es real,

La verdad es solo el resultado de poder abstraer,

Un invento para intentar entendernos y sobrevivir,

Congelando la fluidez de la realidad,

Ilusiones que se olvidaron que lo son.

CUIDADOS PALIATIVOS

Como aficionado analista de la comedia humana,

Que juega sabiendo que va a perder,

Intentado mejorar este mundo horrible,

Siento la urgencia de meter tu discurso al quirófano,

La necesidad de abrir tus palabras,

Y revisar todas las aseveraciones,

A priori que en ellas habita,

Entender todos los sesgos,

Que crecen con cada coincidencia,

Empezar a cortar todas esas cadenas,

De significantes que te limitan,

Implantar la crítica, dónde está el tumor de la cultura,

Y el cáncer extirpado de las creencias,

Inyectar altas dosis de preguntas,

Que acaben con el misticismo,

Cauterizar los porque sí, cerrar los porque no,

Corregir las sinapsis atoradas con verdades,

Recetar dos pastillas de lógica,

Y cuatro de procesos,

Para curar la falta de causas en las consecuencias,

Una vez incapacitado por la crisis existencial,

Reposado sobre la incertidumbre del futuro,

Con la certeza de que el lenguaje, es el creador,

Tomate la última dosis de vida, y crea,

Otro sistema, otra ética, otra naturaleza,

Otra historia y al final por favor,

Otro futuro, otra especie.

Estudié ingeniería y terminé siendo cirujano,

De traumas históricamente semánticos.

DESPUÉS DE UN ROBO

Me explotó en la cara, una nueva emoción,

Un calor inexplicable, una humedad absurda,

Por qué me siento en peligro,

Por qué el tiempo se para, si no estoy herido,

Solo me despojaron un objeto,

Del que dependía mi rutina,

Pero sigue siendo inerte,

Sin sentidos, sin vida, sin abrazos,

Por qué la falta de lo material,

rompe la frágil normalidad,

¿Somos resultados de las condiciones materiales?

¿O las condiciones materiales son resultado de nosotros?

Por qué alguien me quitaría eso para siempre,

Sin permiso y sin importancia,

Por qué alguien me tira al vacío de la deriva,

A la consciente incertidumbre del futuro,

Por qué despertarme del sueño y dejarme vivo,

Será el hambre, la desigualdad o el capitalismo,

Será la victoria del individualismo sobre el colectivo.

No lo sé, pero espero nunca tener que justificar,

Un hecho indiferente al prójimo,

Espero como siempre y más que nunca,

No empujar a nadie a la ansiedad.

MORIR, ERA IMPOSIBLE

Nacer, era inevitable,

Da igual el día o la hora,

Importaba el año o el siglo,

El pensamiento y las tendencias,

Crecer, era opcional,

Para llegar donde el tiempo,

Empezar a sentirlo y medirlo,

Hacia atrás nada que hacer,

Ya fue, solo te dejo consecuencias,

Que nunca escogiste,

Tus padres, y los de ellos,

Unas historias, con lugares y lenguajes,

Unas más blancas que otras,

Unas más largas o solas,

Unas donde escoges la temperatura,

Otras donde la temperatura te escoge,

Y sin poder decidir,

Esas serian tus herramientas,

Con eso pones el valor de un abrazo o de un papel,

Con eso se crearon guerras y poemas,

Con eso haces preguntas,

Con eso llegas aquí, a media vida, al tiempo,

Ojalá sin vergüenza, Con o sin norte, pero en paz,

Ojalá sin un agujero negro en el pecho,

Que desintegra el sentido,

Que crece con cada pregunta engullida,

Con cada ideal colapsado,

Se trago filósofos y científicos, amigos y hermanos,

Nada tiene el valor suficiente para llenarlo,

Su proceso, desgarrador, deja sentimientos hermosos,

En millones de pensamientos irreconocibles,

¿Por qué no ha acabado conmigo?

¿O esa es mi herramienta, quien me la dio?

Me protege o me paraliza, cada vez que me dice,

-Hay muchas cosas que "no vale la pena hacer"

Le respondo:

- Tengo miedo de perder las pocas que, "valen la alegría hacer".

MEMENTO

Es temprano como todos los días a esta edad,

Afuera la felicidad de estar ocupado me juzga,

Adentró la tristeza de estar libre me defiende,

La ventana siempre llena de movimiento,

El espejo un cuadro del pensador,

¿Valdrá la pena moverse para este siglo?

¿Deprecia la alegría quedarse en el pasado?

¿Tiene sentido sus sentidos?

¿Carecen de confusión mis dudas?

Quisiera estar lleno de ideología,

Dejar de ser para tener,

Que el dinero sea el fin y los medios mi estupidez,

Tomar millones con orgullo heredado,

Enamorarme de lo que tienes,

Convencerte de que hay un trueque justo,

HIPÓSTASIS

Llenarme de razones y creencias,

Pero no puedo soñar como ustedes,

Los entiendo, a ustedes y a la historia,

Donde preferimos, vernos mil ideas para tener,

Que, tener mil ideas para vernos.

DETENTE

Recuerdo estar tranquilo,

Distraído, motivado, enamorado,

Contento, absorto, glorioso,

Pero ya pasó, me golpeó el tiempo,

Y no entendía su problema,

Si era de pasar horas a días, o meses a años.

Quería entenderlo, pues es culpable,

Nunca se detiene, todo el tiempo, es el,

Ayer, hoy y mañana,

Fueron los momentos más esperados, se logró todo,

Pero el tiempo hizo lo suyo, pasó y siguió pasando,

No le importa el tamaño de la hazaña,

Siempre tendrá más número que letras,

No escatima en la cantidad de emociones,

Nunca serán suficientes para ser eternas,

Se burla de nuestra ignorante percepción,

De nuestra persecución,

En fin, lo tratábamos como una definición,

Como solo lenguaje, como una idea,

Como una herramienta, como una cifra,

Y ni así, Logramos algo contra él,

Por qué nos dejas disfrutar,

Para transformar los recuerdos,

Me has hecho sentir todo o nada, sobre lo mismo,

Cada vez que vencía un futuro, creabas miles,

Cada vez que lograba algo,

Pasabas para recordarme que ya pasó,

Que seguía vivo, que, si lo dejaba pasar,

Tenía que volver hacer algo para sentir,

Yo solo quería decir que todo en algún punto,

Aburre, exceso, neutro o escaso,

El tiempo hará lo suyo,

Arara grandes campos de hastío.

EN DEFENSA

Privilegiado lo llamaron, no era una ofensa,

Solo querían demeritarlo, no entendía la ira,

Blanco, ojos claros, hijo de herederos,

Estudios pagos, idiomas varios,

No parecían halagos, se usaban como medidores,

Indican injusticia, y lo era, nacer era injusto,

Con mucho o con poco, ninguno lo decidió,

Era un vicio del lenguaje, respirar y ser de un bando,

Romantizar el esfuerzo, atacar las comodidades,

Cosas de este siglo, parece planeado.

La multitud en busca de orgullo,

Por culpa de dos, que lo lograron,

Parece publicidad para esclavos,

Millones romantizando el esfuerzo,

Para la comodidad de decenas,

Igual todos sabemos, que está arreglado,

Pero la vida nunca se condenaría,

No aceptaría ser vivida, por lo menos en lenguaje,

Pero en práctica, nada cambia,

Preferimos contarnos historias,

Creernos hipóstasis, jugar al amor,

Rezarle al vacío,

Que nacer solo para existir,

Comida y sexo, eso era todo, pero hablamos,

Empezamos a decorar la vida, creamos, sentimientos y este poema,

Privilegiados nos dicen, por escribir sin hambre,

Conozco miles sin una rima,

Pero satisfechas sus necesidades,

De manera abundante, exorbitante diría,

HIPÓSTASIS

En defensa de todos,

En las paredes de Auschwitz,

También pusieron palabras, decoraron un muro,

Que hace erizar al mundo,

"Si Dios existe, tendrá que rogar mi perdón"

LOS ADULTOS NO EXISTEN

Después de formar mi corteza prefrontal,

A mis 25 años me di cuenta,

Que nunca sería un adulto, nadie lo fue,

Todos seguimos intentado detenerlo,

Con atajos llamados distracción,

Con mitos llamados religión,

Y él avanzando indiferente,

Creamos palabras, mientras él creaba galaxias,

El tiempo, así lo llamamos,

Usaba el espacio como lienzo,

Nos hizo y nos destruyó,

Eso era todo lo que teníamos,

Lo que el tiempo nos diera,

Antes de que nos lo quitará,

Creemos entenderlo,

Por poder poner su paso en números,

Que fácil es pronunciar, en dos segundos,

Catorce mil millones de años,

Sabemos más ignorarlo, al no poder hacer nada,

Aceptando lo que hay, la oscuridad como único fin,

Esa era la única regla, Con eso empezamos,

Y aquí estamos, en el siglo 21 D.C.

Partimos el tiempo con un mito, que se salió de control,

Antes el cielo titilaba, creando grandes preguntas,

Ahora el cemento alumbra, vendiendo sueños,

Meritocracia y el más allá,

Dejamos de creer, en la mágica llegada de los regalos de navidad,

Para creer, en la mágica llegada de los regalos del esfuerzo,

Seguimos siendo niños,

Aferrados a un padre invisible,

Qué llamamos Dios o Dinero,

Sentimos que, por avanzar al tiempo del tiempo,

Seremos adultos, adornados con palabras

Desarrollo, plenitud, Experimentado o poder,

Y seguimos jugando, a ver quién tiene más,

Con una voz gruesa, nos miran,

A los de menos tiempo, Midiéndonos,

Si estamos estresados cómo deberíamos,

Los miramos y nos preguntamos,

¿Si los adultos existen?,

La guerra, no los hace adultos,

La avaricia tampoco,

Ni un bigote que grita,

Al final solo siguen jugando,

Con palabras complejas, sentimientos analfabetos,

Y finales infelices.

TESTAMENTO 26

No sé qué día, se acabe este chispazo de existencia,

Que habita dos mares de eterna nada,

Donde me tocó ser feliz la mayoría del tiempo,

Gracias a mis adultos,

Tal vez yo no los entienda, no vivieron,

La Paz que me dieron,

Tal vez ellos no me entiendan a mí,

Que no viví, la necesidad de hacer algo,

Mi falta de estrés los perturba,

Su exceso de seguros me abruma,

Pero me dieron la libertad, que no hallaron,

Cumplirles me enorgullece,

Así no juguemos con las mismas reglas,

Ni al mismo juego,

El tiempo lo cambió todo, menos los salarios,

Pero no lo van a entender,

Como la meritocracia, En un mito se convirtió,

No me miran igual, ya parezco uno de ellos,

Por culpa del tiempo,

Ya mi felicidad es mi responsabilidad,

Aceptando al tiempo,

Verlo actuar sobre ellos, recordándome,

Que me quedan recuerdos por fabricar,

Pronto se totalizarán,

Y no se podrán crear más,

Ya se llevó algunos, fue fácil aceptarlo,

Por la calidad del pasado,

Fue difícil enfrentarlo, por lo helado del futuro,

A veces la esquizofrenia, parece una solución,

Un abrazó irreal, vale más que el mundo real,

No había otra manera de volverlos a ver,

No creo en la magia,

Pero entiendo el regocijo del más allá,

No me quiero morir,

Pero no me quiero despedir más.

TITILAR

Tengo ganas de escribir, algunas ideas por desarrollar,

Pero no tengo nada que responder, Ni nada que contar,

Esperando en blanco, observó el cursor titilar,

Ha sido paciente, entre vacíos y palabras,

Con verlo ser y no ser, me basta,

Visitarlo, observarlos, mientras pienso,

Otro poema de amor, otra caricia a otro corazón,

O una queja al mundo, tal vez una carta a Emily o a las flores,

Terminé escribiéndole, al cursor,

No sabía que lo haría,

Solo empecé y se volvió importante,

Estuvo ahí siempre, esperándome,

Y solo ahora es relevante,

Empezó a tener vida, podría enamorarme del cursor,

Aparece y desaparece si lo hago esperar,

Pero si lo empujo con letras,

Solo cuando acabe se irá,

Podría atacarlo, pues no me responde,

No me ayuda en nada,

Podríamos identificarnos con él,

hacerlo metáfora y vender una idea,

Al final es solo una barra,

Y yo, un adicto al sentido.

Y SI, ¿NO?

Y si, la naturaleza, si funcionaria con sacrificios,

¿Si llover costará vidas? ¿Valdremos diferentes gotas?

¿Estaría inundado mi pueblo? ¿Cómo sería la sociedad?

¿Quiénes pagarían la necesidad? ¿Cuánto costaría comer?

¿Morir sería un orgullo, o un castigo? ¿Cuál sería la verdad?

¿Y si, la magia funcionara? Las brujas serían militares,

¿Y si, los planetas te ayudarán? Te comerías las piedras,

¿Y si, importara lo hora en que nací? Sería astronauta,

¿Y si, si existiera Dios? Cómo sería la verdad,

Y si todo lo que creímos, lo superamos,

Y si aceptamos la vida, y su obviedad,

Para resolver el misterio,

Preguntaríamos esa pregunta,

Dejaríamos de inventar farsas, no se ofendan,

Yo quisiera creer, pertenecer a una esquizofrenia colectiva,

Que ese fantasma me abrazara, pero la paz me espera,

Mientras la esperanza los destroza.

NO ENTIENDO

Empecé a tratar las palabras, como unas reliquias,

Y ofendí a todo el mundo, hasta el psicólogo,

Etiquetó mi psicosis, obsesiva con el lenguaje,

Todos querían que aprendiera hablar

Y les bastó con 300 palabras, grotescas la mayoría,

Nadie me enseñaba a decir lo que sentía,

Esta cultura no tenía esa habilidad,

Por suerte había 4 mil años de letras,

Pero nadie cerca que me las explicara,

Que complejo el pasado,

Con los libros escondidos o quemados,

Ahora se esconden las palabras,

Y los grandes en las masas o brasas,

¿Qué leer? con el poco tiempo que tengo,

¿Existirá ese libro que necesito?,

En su búsqueda encontré herramientas,

Encontré problemas y preguntas,

Encontré el amor y sus formas,

Con eso le hablé al tercer mundo,

Es poco literario, y nada literal,

Te explican todo con grandes palabras,

El ser humano, la verdad,

Es natural, instinto, si Dios quiere,

Yo, que, en los libros, no he encontrado,

Esas máximas supremas,

Sorprendido porque entendieron la vida,

Con refranes y populismos, jergas dicen,

Sin preguntar nada, aceptaron su cultura,

Es lo que hay, dicen,

Y entendí la palabra destino, o condena,

Yo, solo los tenía a ellos,

Pero mis preguntas les incomodaban,

Todos usaban las mismas palabras,

Ni uno las definía igual,

Eran miles de Dioses, pero era el mismo,

El ser humano era bueno y malo,

Naturaleza y verdad eran lo mismo,

Instinto o sentimientos aún no se deciden,

Libertad, ¿por qué necesitan esa palabra?,

Era como si lo fueran, pero querían más,

Y al buscarla, conseguían menos,

Alma y esperanza, eran buenas,

Pero los hace preocuparse o estresarse,

Intrigados por mi malestar,

Culpa de sus contradicciones,

El que más sabio se creía, procede a recitar:

-La verdad, es que el ser humano,

Es contradictorio por naturaleza,

Es su instinto de libertad,

Así regocija el alma y mantiene la esperanza.

Le agradecí su buena voluntad,

Mi cabeza se rindió, al comprender,

El daño de la subjetividad,

Al no entender,

Tantas palabras no dicen algo,

Tantas palabras dicen nada,

Tantas palabras y aún no entendemos.

DESDE ALLÁ

Escribo para no ir a terapia,

El privilegio no me alcanza,

Busco psicólogos laicos,

Y encuentro consejos,

No, no me quiero morir,

La muerte es muy definitiva,

Para el deseo de no existir,

De callar el futuro y ya,

Pero se me olvidó olvidarlo,

Otra noche que me roba,

Cuestionándome, desde allá,

Apuntando a mi presente,

Le gritó rompiendo el tiempo,

La incertidumbre nos separa,

No sé si llegaré, ni se dónde estás,

Tu solo me miras, desde allá,

Esperando que consiga descifrarlo,

Ahí parado en la meta,

Y yo escapando del podio,

No me quiero detener para tener,

Quiero existir con menos fuerza,

Ser nada en paz,

Pero no me dejas, desde allá,

Solo estas en el lenguaje,

Pero existes en los juicios,

Solo eres una mirada,

Que atraviesa mi alma tiesa,

Otra vez, lo lograste, asústame,

Muéstrame lo que no fui,

Golpéame con lo que no soy, mutílame,

Igual nunca correré sin saber por qué.

HIPÓSTASIS

2 FILOSOFÍA

"Vivo en mis hojas en blanco,
mientras pinto furias y borro mis desencantos,
el miedo y la ira recuerdos que son mentiras,
no entienden que una poesía,
les puede salvar la vida"
Nach

"La subjetividad es objetividad frustrada,
es pretender decir algo y acabar diciendo nada,
gracias a las reglas, existe el lenguaje y la ciencia,
es por ella y no por coincidencia,
que las ideas de mi cabeza,
viajan desde el texto a tu conciencia."
Solitario

"¿por qué crees lo que crees?"
Diego Ruzzarin

"Vale más vivir entre los hielos
que entre las virtudes modernas"
Friedrich Nietzsche

"No creo en Dios,
creo en los incendios de un lápiz
que arde y echa humo"
Nach

"No puedes entender tu lugar en la tierra
si no entiendes, el lugar de la tierra en el universo
y el del ser humano en el tiempo"
Javier Santaolalla

"¡El sentido de la vida !, Eso no existe.
La gente busca valores externos y sentido en un mundo que
no solo no puede dárnoslo, sino que además es indiferente a
nuestra búsqueda."
Matt Haig, parafraseando a **Søren Kierkegaard**

"La filosofía es una lucha contra
el embrujamiento de nuestra inteligencia
por el lenguaje"
Ludwing Wittgenstein

ÉTICA

Aquí empieza mi filosofía,

Con mi primera herramienta,

La única material, obrar, hacer, actuar,

Nada de bien y mal, eso es para otros siglos,

Infantiles que creían en cielo o infierno,

Izquierda y derecha, blanco o negro,

Ellos o nosotros, era su credo,

Idealistas que valoraban la vida,

Estatuas buscando la máxima ley universal,

Aseveran equivocarse,

Como si existieran verdades,

Cuida a los demás,

Como te gustaría que te cuidaran,

Fue lo más cerca que estuvimos,

Cuida al prójimo, Manifestó otro,

Usaron verbos abstractos, metáforas,

Nadie los entendió,

Hoy aceptamos lo complejo,

El infinito que habita en cada uno,

La historia heredada, las variables que nos acechan,

Las causas que nos condicionan, razones y personas,

Nada es objetivo, eso fue la condena de la perezosa humanidad,

Todo es subjetivo, esa fue la defensa de la cómoda ignorancia.

Nunca nos pondremos de acuerdo, un límite más,

Y no, no se supera,

¿Cómo vivirás entonces?

Ya ni esa pregunta se hacen, se rindieron,

Aceptaron la ideología de turno,

Que fácil fue, no tener que pensar,

Porque el molde ya estaba hecho,

Crisis Ética moderna,

Ojalá estuviera sediento de dinero,

Y no escribiendo estos textos,

Me causa hilaridad los poderosos,

Que confunden respeto con interés,

Pero más los esclavos,

Con los bolsillos llenos de palabras,

Orgullo, Lealtad, Cielo, Felicidad,

Alma, Humildad.

No sé, qué filósofo descubrió esta ética,

Me gusta pensar que solo fue ensayo y error,

Sabía que no había nada que hacer,

Ya todo estaba hecho,

Unos con los recursos, otros con las palabras.

¿Cómo actuarás entonces?

Ojalá nazcas en el lado cómodo de la moral.

ESTÉTICA

La segunda herramienta, ligada a la experiencia,

Donde nos preguntamos, por lo Bello,

Hoy, no evaluamos todo, ignoramos cómo llegamos,

Y aceptamos la repetición, como brújula del gusto,

Presenciamos, como la razón se silencia,

Cuando gritan las tendencias,

Masas absortas en entretenimientos,

Fáciles de digerir entre colores,

Y palabras con escarcha,

Otra pregunta que se nos olvidó hacer,

¿A dónde nos llevará este arte?

La repetición, indica la caída del imperio,

Diría un profeta, ignoran las masas,

Aclama la minoría, atacada por evaluar el arte,

Como lo haría un pensador,

Pero eso era en otros siglos,

Ahora lo bello se mide en dinero,

Esos son los valores modernos,

Utilidad le dicen, todo debe servirles,

Principalmente los humanos,

Podemos llegar a todos,

Creen los artistas, ignoran los artesanos,

¿A dónde nos llevará este arte?

Demostrar la falta de talento, te hace opresor,

Pero el presidente sin talento te hace esclavo,

El intérprete que dicta los puntos arquimedianos,

En sueños americanos, monopoliza la frustración,

Los medios se convirtieron en el fin,

Los sentimientos ya no hacen arte,

El arte es el medio y el dinero el fin,

Muy pocos se merecen el dinero,

Por la belleza de sus ideas,

Por compartir la piel y los nervios en letras,

Por decir verdades incómodas,

Por la complejidad de sus laberintos,

Por amar sin contratos ni cálculos,

Por educar y abrazar,

Por hacernos sentir iguales,

Por enseñarnos que sentíamos,

Por darle palabras al nudo,

Por condensar el conocimiento en frases,

Por mirarnos a los ojos y reconocernos.

EPISTEMOLOGÍA

Me gustaría contarles sobre la ilustración,

Pero nunca la superamos,

Nos llamamos modernos, pero aun,

Creemos en la magia,

Tenemos los saberes,

Pere seguimos absortos en creer,

Toda la información del mundo y su historia,

Guardados en un espejo negro,

Un gran logro para la Humanidad,

Desperdiciado por las adicciones,

Ya no importa cómo obtenemos el conocimiento,

Sólo vender su conclusión,

Los sofistas evolucionaron su retórica,

Cultos coercitivos,

Disfrazados de ayuda y superación,

Dándole poder a piedras inertes, y a planetas lejanos,

En qué año perdimos la argumentación,

La poca que queda, se pierde en debates,

Que planamente no debería mencionar,

Los siento no puedo ignorar a las masas,

La fe les ha hecho mucho daño,

Entiendo nuestro afán de predecir átomos,

Pero no hay atajos, ni intercesión divina,

Algunos se atreven a decir que la ciencia, es una opinión,

Atacando la única herramienta,

Que nos cuenta con pruebas, la historia de 14 eones,

Nunca se ha estancado en una verdad,

Ha construido hermosas ideas,

Y las ha destruido mientras las pule,

No es fácil, apropiarse del pasado,

Saber cómo se creó el presente,

Y proponer un mejor futuro,

La conversación filosófica,

Es extensa para una vida humana,

Presenciar como Derek Parfit Mira a Tales de Mileto,

O poder ver dentro de Átomos,

Que construyen Moléculas,

Para constituir las Células y Tejidos,

O Estrellas y planetas,

Descubrimos el truco, pero queremos seguir creyendo en magos.

METAFÍSICA

Más allá de la materia, no existe nada,

Que no necesite lenguaje, ni preguntas,

¿Las cosas son, pero como son?

Bellas, buenas, justas, verdaderas,

Una deidad solo facilitaría el pensar,

Realmente no importa si existen o no,

Las dejaré en paz, al final,

Son solo consecuencia de preguntar,

Ahora sí, a lo importante, a explicarlo todo,

Un modelo infalible, el fin del ¿porque soy?,

No tengo ni un átomo del día que nací,

Entonces no soy el que ya nació,

Por lo tanto ¿cómo es el verdadero ser?,

¿Nacer era necesario?, causalidad,

¿Podría ser otro?, libertad,

¿Ya soy?, identidad,

¿Determinado estaba?, casualidad,

¿Que soy? es igual a ¿qué somos?,

¿Importa ser? Cuando ya se es,

En qué cambiaría la realidad,

Si pudiéramos contestar,

Esta herramienta, argumental

Solo es una fuente, de preguntas infinitas,

Algunas terminaron en ciencia,

Ciencia que formó el presente,

Presente que se estanca,

Porque olvidó la fuente,

Querían un sentido,

Ahí está, somos una pregunta,

Y la pregunta no puede ser preguntada, diría el Tao,

Como no se puede dividir por cero,

Indeterminados acercándonos al infinito.

HIPÓSTASIS

3 DESENCUENTRO

"Escúchame llorar,
El dolor que no voy a decorar"
Horus

"Vida rota, por sentir cuando no toca."
Ambkor

"Aunque la naturaleza pareciera estar ahí
para hablar de serenidad y paz,
lo único que veo, es su profunda indiferencia,
su orden sin propósito, su belleza sin objetivo."
Piedad Bonnett

"El reloj no anda hacia atrás.
Ni siquiera se nos permite la pausa...
Tic-Tac Tic-Tac inaudible tormenta:
El tiempo es una broma macabra"
Kase.O

"Nunca busques al otro,
En la aterradora ilusión del diálogo"
Jean Baudrillard

"Camarada, esto que tienes
entre las manos no es un libro,
Quien vuelve sus hojas, toca un hombre"
Walt Whitman

"Lo que el sujeto ama es el amor
y no el objeto"
Roland Barthes

"Superar lo nuestro es realmente
la cosa más triste que le ha pasado al amor
en toda su vida"
Marwán

PREFACIO

Yo no necesitaba escribir, nunca quise hacerlo,

Prefería robar y copiar, esos versos diversos,

Y letra a letra ponerlos, con mi voz en tu cuello.

Así me pase la vida, tus primeros niveles,

Cada segundo contigo, tenía su cita en la historia,

Sentía cómo sintieron, te tocaba cómo habían tocado,

Olías a las musas de los grandes,

Nos la pasamos reviviendo versos inmortales,

Podía verlos en las nubes orgullosos,

Nuestra obra al pie de sus líneas,

Ya no eran poetas, eran directores.

Hasta que te volviste invisible.

Y al no poder tomarte la mano, tome el lápiz,

Empecé a conjugar tu ausencia,

Seguro de que, si apareces,

Los alcanzó.

¿SERÁ?

En nuestros viajes evolutivos distintos,

Coincidimos algunas noches,

Para robarle algunos minutos al sueño,

Y dedicárselo a lo nuestro,

Lo nuestro que no es de nadie,

Más que del eco en nuestras mentes,

Que rebota entre recuerdos,

Entre nostalgias y melancolías,

Pasan y pasan las épocas, unos años más,

Y volvemos a jugar, tú en tu cama y yo en la mía,

Le damos play al perfecto hubiera,

Y nos sentamos a disfrutar,

La fantasía construida con recuerdos,

Añadiéndoles deseos, abrazos y poses.

HIPÓSTASIS

Hasta que la monotonía nos aleja,

Un año más, una época más,

Aunque esta noche no será,

En la incertidumbre del futuro,

Podría ser que lo nuestro sea,

Sea la fiesta para nuestros sentidos,

Sea la danza de dos cuerpos alegres,

Sea lo que no ha sido,

Sea un perfecto es.

LA DIFERENCIA

Anoche escuché tu metáfora,

Ese monólogo que interpretas,

Sobre la coincidencia de nuestras vidas,

Confuso por tus sentencias,

Por la finalidad de tu discurso,

Indiferente del por qué y para que,

Dices lo que dices, disocias lo que disocias,

Me dispongo a nutrir tus líneas,

A llenar tus argumentos,

A sonar creíble, a decir falacias.

Sin tus mentiras nunca habría sentido la magia del amor,

Que lindo fue creerte, pues mi recuerdo es placentero,

Mientras El tuyo, Oh Pobre del tuyo,

consciente y orgulloso,

Vacío en forma de lo real que no se logra llenar,

HIPÓSTASIS

Cómo cuidarte de las deudas, que dejan las mentiras,

Por qué pagarlas querido ser,

Te dejará en la bancarrota, de las divisas emocionales,

Ese instinto camuflado de afecto,

Mi empatía desearía,

Que no llegarás con vergüenza al futuro,

Pero este final, el que construiste para los demás,

Será un patrón en tu vida,

Donde tú ser está condenado,

Al eterno retorno de los finales infelices.

RESPONDIENDO-TE

Anoche preguntaron por lo nuestro,

Mi cabeza intento nombrarte en pasado,

Pero el corazón tiene razones,

Que la razón no entiende, y te trajo al presente,

Es ahí cuando sonreí al imaginarte,

Y me di cuenta de que podría pasarme,

Toda la vida Admirándote,

Pues haces de este juego,

Él único donde no importa el fin,

Alcanzarte sería la muerte de este lindo deseo,

Creado por tu sonrisa,

Donde hace rato perdí mi atención,

Y hace rato encontré la Paz,

HIPÓSTASIS

Mi psicóloga me miró y dijo,

Hay mucho amor en tu respuesta,

No para ella, pero si para ti,

Y así fue como entendí, que así fueras la inspiración,

El artista de nuestro recuerdo era yo.

SU DESEO

Intente el beso perfecto,

Le presente mi subjetividad, me invitó a la suya,

Compartimos platos, disfrutamos canciones,

La vi sonreír con la mirada,

Reprimí mis deseos, se intensificaron,

Decidí invitarla a esperar, solo yo sabía que,

Ella cumplió con estar todas las citas,

Hasta que llegamos,

El espejo de agua brillaba, la hora dorada nos iluminaba,

Nuestros ojos claros se miraron,

La sutil brisa contrastaba con el calor,

Entregándonos un fresco placer,

Su pelo se dejaba llevar,

Mi mente había comenzado a crear un recuerdo,

Según mis sesgos, llegó el momento,

Iba satisfacer mis deseos,

HIPÓSTASIS

Me acerqué al ideal, sus brazos me rodearon,

Y su cabeza encajó en mi hombro,

Como si siempre hubiera apuntado ahí,

Había Perdido sus labios al quedar libres,

Ante el paisaje y no ante los míos,

Me falto una variable para el beso perfecto,

Su deseo.

AMADO Y ESPERADO

Nací un supuesto día cualquiera,

Que no recuerdo, pero la espera de mamá si,

No me consta, pero le creo,

Qué pasó miles de fantasías,

Donde tuve miles de nombres, hasta fui una niña,

Supongo que también fui miedo,

De que no sería normal o de que nunca seria,

Pude haber sido una pesadilla o su próxima Epifanía,

Soñaba despierta con mi vida perfecta,

Con el molde más ideal, ese estereotipo normal,

Donde crecía sin novedad, llegando a cada meta,

Como si el tiempo fuera mi mejor amigo,

A los 5 bien y a los 10 también,

Pensó en los 15, contemplando los 20,

Donde a mis 25 lo lograba, ahí estaba,

HIPÓSTASIS

Yo católico y profesional,

Independiente y proveedor,

Ese era el fin,

Pero, acabó la espera, nací,

Y el camino ya tenía cara,

Me diste todo lo que tenías,

A tu juicio, al de tu época,

Al de tú moral, al de tu amor,

Lo recibí y me atravesó la vida,

El tiempo y yo nos peleamos,

La incertidumbre acabó conmigo,

Y hoy donde no soy lo que esperabas,

Ni seré lo que contemplas,

Soy y seré tu sueño jamás soñado pero cumplido.

CAJA DE RECUERDOS

Desempolvar los sueños forjados,

Que estaban a punto de derrumbarse,

Dejándote libre a un nuevo futuro,

Pero a esos fuertes cimientos,

Aún les quedaba una sinapsis,

Una pareidolia que titilaba de vez en cuando,

Sorprendido que aún estuvieran,

Después de la dinamita terapéutica, las limpiezas de utopías,

Las recogidas de escombros periódicas,

Depositadas en grandes espacios, llamados "es lo que hay",

Con sus indicaciones de realidad,

Sobre cómo desechar y separar,

Cada parte de lo que ya no se usara,

HIPÓSTASIS

En la trituradora había que poner el futuro,

Sin guardarse nada,

Con letras grandes resaltaba, LOS SUEÑOS,

Y en letras pequeñas, Cambiarlos y construir mejores,

Ahí uno se atraganta con un "Si muy fácil",

En la aplanadora se dejaba el pasado, sin esconder nada,

Se prensaban los recuerdos, no importaba la calidad todos cabían,

No te dejaban ponerlos en la trituradora,

Su letrero decía "debes vivir con eso",

Te daban la cajita, no se podía reconocer nada,

Todo era confuso, podías interpretar cualquier cosa,

Siempre busqué que hacer con el presente,

Pero no había donde dejarlo,

Al final pagas el costo de los servicios,

Yo contrate el del 99%, ya que no había uno del 100%,

Pero te dan unos bonos para compensar el 1%,

Para comprar unos escudos o tatuarse unas frases,

Nunca entendí la diferencia, pero te comparto mi favorita.

"No confundas las despidas con saludos,

Así la herida nunca será cicatriz".

AMIGO

Se te ve la injusticia en los ojos, le dije,

Mientras buscaba el pecho, que suavemente le despegaron,

No sos perfecto, pero lo intentaste,

Creaste un hermoso presente, esperando un plácido futuro,

Que no acertaste,

De este lado el peso del esfuerzo te aplasta,

¿Qué harás con todo esto?

No puedes levantarlo, no quieres dejarlo,

Quererla no es poder, amarla no fue es suficiente,

Me dijo, se fue por lo que me falta,

Pero no me sentí culpable, me sentí engañado,

No por ella, fue sincera,

Sobre las monedas y sus sueños,

La vida, no lo fue,

Me dejó abrazarla para soñarla,

Me dejó intentarlo para perder,

Me dejó vivirla para matarme.

APRENDE A DESEAR

Tengo mucho amor y conocimiento,

Tolerancia y amplitud del corazón,

Para perdonar todo, porque lo comprendo todo,

Nunca estuve en tu intención,

Malgama fenomenológica abstracta,

Esa que nunca quiso hacerme daño,

Yo no existía en ese momento,

En esos minutos de acción,

Tu ataque no es personal,

Solo soy un daño colateral,

Nunca hubo mala voluntad,

Son tus deseos y traumas, ante el mundo,

El problema es de fábrica,

Por defecto, es lo que hay,

Oportunidades de goce,

Decisiones que tomar,

Es solo un paréntesis,

Gran humana habilidad,

Variables que no entenderemos,

La cultura lo llama tentación,

Otros le dicen pecado, algunos traición,

Para mí es solo un deseo, en el que yo no estaba,

Apareció en los sentidos, no es una decisión,

Solo es, solo se siente,

Aprender a desear, no nos quisieron enseñar,

Satisfacer deseos, trae consecuencias,

Una pequeña muerte, un deseo menos,

Un amor menos, todos satisfechos,

Amor suficiente para entenderte,

Y volverte a besar,

Pero, prefiero tomar otra oportunidad,

Enamorarme de alguien más,

HIPÓSTASIS

No te lo tomes personal,

Son mis deseos y traumas, ante el mundo,

Ojalá no estuvieras llena de clichés,

Para no tener que sentir lo obvio,

Que pudieras entenderlo,

Pero la cultura ya hizo lo suyo,

Puedes tener mucho amor en ti,

Pero sin conocimiento será frágil,

Deseos tenemos todos,

El mundo está lleno de belleza,

Esperando para matar un amor,

Prefería vivir con deseos,

Que matarlos junto contigo.

OSCURO SILENCIO

Shh, necesito dormir,

El eco de mi cráneo no para,

Demasiado ruido adentro,

Son varias voces, pero suenan igual,

Dicen cosas diferentes, psicofonías,

Papá, futuro, que hacer,

Dinero, tiempo, amor,

Solo hay una forma de continuar,

Toma una pantalla o un papel,

O existimos los dos, el libro y yo,

O no existe ninguno, adiós,

Estoy en mi cuarto, en oscuro silencio,

Pero escucho mi voz, pero no a mí.

No lo intentes, es lo que hay,

No lo vas a lograr, es muy complejo,

No lo necesitas, no hay manera,

Es cuestión de suerte, que pereza,

Todo está arreglado,

Shh, es hora de escribir,

Voces pesadas que me imitan, atan nudos en mi pecho,

Me abren los ojos, para seguir hablándome,

Si me pudiera dormir, apagar la conciencia,

Ganaría, Mañana seria otro día,

Las dejo ser, esperando que acaben,

Que pase algo, a las horas que nada pasa,

Que nadie pasa, que nadie contesta,

Déjenme dormir, yo sé,

Que hoy no lo merezco,

Lo siento, Perdí el tiempo,

Mañana lo hare,

Mañana seré,

Voy a caminar, no importa si llueve,

Volveré a leer, para reforzar el escudo,

Le diré que la amo, con un poema,

Abrazare a mama, las veces que pueda,

Buscare trabajo, creyendo meritocracias,

Mañana será otro día, volveré dignamente agotado,

Así podre dormir, y no podrán hablarme,

Lástima que padre, no aprendió poesía,

No se hubiera mudado bajo tierra,

Solo en su cuarto de madera,

En oscuro silencio.

4 ME ENAMORÉ

"Ah la belleza,
Su forma de anunciarnos la derrota"
Marwán

"Me gusta todo lo que sos y un poco más."
Wos

"¿Cuánto azul crees que hemos recorrido?"
César Brandon Ndjocu

"Sentí la hermosa melancolía de ser humano."
Matt Haig

"Nuestra mirada es la fuerza más linda de todas."
Wos

"Ten cuidado de la que considera
tus carcajadas una hipótesis."
César Brandon Ndjocu

"Soy solamente un animal que escribe y se enamora,
Un laberinto de células y ácidos azules,
Una torre de palabras que nunca llega al cielo."
J. E. Eielson

QUIERES SER MI NOVIA

Supongo, que ya sabes de qué va esto,

Es sobre algo nuevo que siento,

No sabía cómo llamarlo,

Pero no era el miedo de siempre,

Ese absurdo temor al futuro,

Donde una vez más, no era amor,

Esta vez estoy tranquilo,

Pues cada kilómetro o segundo que avanzamos,

Quiero sumarle otros,

Así que lo llamaré ilusión,

Si, así llamaré a esto que logramos construir,

Con cimientos de paciencia, reforzados con recuerdos,

Todos unidos por un "sí a todo", que nos trajo hasta aquí,

Donde ya no aguanto un día más,

Me canse de ver tus ojos, qué todos mis órganos exploten,

Por quedarme callado,

De besarte y alivianarme con un té quiero,

De sumar otro recuerdo sin decirte, te amo.

ENAMORAMIENTO

Lo hice, Lo logré,

Me dejé caer en lo desconocido, en lo prohibido por el miedo,

Y ahora no entiendo, todo el tiempo que perdí

Sin sentir, sin saltar,

Limitando la dopamina, que ofrece un instante de novedad,

Pero no lo hice solo, la razón se distrajo,

No había juicios, no se pensó,

Se siente el presente, se perdió el pasado,

Y el futuro se olvidó,

Es un estado diáfano,

Donde se da la historia entre dos deseos,

Un eclipse entre dos sombras,

Un amor entre dos inocentes.

FLUIDOS

Empiezo a disfrutar las noches solitarias,

Gracias a tu recuerdo, puedo disfrutarte mientras no estás,

Puedo escribirte y describirte, sonriendo o gimiendo,

Empezar a escribir versos empapados como las sábanas,

Húmedos como mis dedos, que se la pasan despertando tus poros,

Mojados como tus pechos, acariciados por mi lengua,

Sudados como tú espalda,

Que se queda corta a la infinita caricia que deseo tocar.

Inundados como mis ojos viéndote sobre mí,

Entregada al Dios delirio, encharcados de placer,

Ahogados en orgasmos, sumergidos en el deseo,

Salpicamos éxtasis, por todos los recuerdos,

El final es del silencio, donde solo dos respiraciones

concluyen que dos cuerpos, desnudos y agitados,

Lo hicieron.

LA OPORTUNIDAD

Pasó, por fin, pasó, se abrió la puerta,

Mi atención perdida escucho un deseo,

Salió de esa curva, esa que me motivó,

A perderme entre palabras, que rimen o sientan,

Que ganas de impresionarte, fácil para Marwan,

Una odisea para mí, peleando con mil clichés,

Buscando un orden, que te haga suspirar,

Una frase que me de ese gesto, donde tus ojos sorprendidos,

Se dejan llevar por esa curva, esa maldita curva,

Donde me quiero accidentar, después de recitarle:

El universo no podía tener un propósito mejor,

Que existir para que ella viviera.

Y si no funciona, me atrevería a decirle que,

La belleza es algo casi inexplicable, pero contigo de ejemplo,

No cuesta mucho dar razones para creer que está existe.

ESTO SOMOS

En nuestro viaje de las vidas posibles,

Coincidimos en los principios de la juventud,

Tú un poco juiciosa, yo un poco pendejo,

Nos guardamos en los deseos,

Partimos a la vida, de desconocidos conocidos,

Un saludo anual, y eso éramos,

Dos ganas de saludarnos inconscientes,

Un año más, una época más,

Coincidimos en otro principio, de la madurez,

Tú un poco mayor, yo un poco lector,

Nos guardamos en la sinceridad,

Partimos a la vida, de conocidos declarados,

Un saludo diario, y eso éramos,

Dos ganas de saludarnos mañana,

Una hora más, un día más,

Coincidimos en otro principio, de todos los días,

Tu un poco despeinada, yo un poco perezoso,

Nos guardamos en el corazón,

Partimos para la vida, de conocidos enamorados

Un saludo constante, y eso éramos

Dos ganas de saludarnos en la mañana,

Una alarma más, Un beso de buenos días más.

MEDICINA

Pase el día incómodo, con calor y trancones,

Con hambre e injusticias, mal dormido y enfermo,

Intente ayudarme, con agua helada y música,

Con comida y sabiduría, con amigos y entretenimiento,

Pero no funciono, no deje de sentir el malestar,

Ese peso invisible en la frente, esa pereza en los brazos,

Y así en ese estado, decidí acabar el día derrotado,

Pero, siempre consciente

Que, con unas pequeñas dosis de esa sonrisa,

Reforzada con abrazos y minutos de miradas absortas,

Esas donde se pierde la consciencia, pero se siente la vida,

Esas que sirven de atajo a la Paz, y se apaga el mundo,

Esas que terminan en un beso suspirado,

HIPÓSTASIS

Y concluí que mi cuerpo, ese que llenaste de dopamina,

Era adicto a la experiencia de ti,

Que este malestar era la falta de tu tacto,

Así decidí que no me quería desintoxicar,

Y voy a recaer en ti.

ME RINDO

No puedo más, esto no se calma,

Vomito y vomito, rimas o versos,

Horas de palabras, días de ideas,

Semanas de páginas,

Y no lo logro, aún sigue ahí,

En mi pecho inflamado, y en mi garganta atorada

Con todo lo que no sé decir,

Nada consigue poner afuera lo que siento,

Ni mis gestos o mis brazos,

Intentando meterte de un apretón en mí,

O mis labios queriendo liberar,

La exquisita sinfonía que tocan mis pulmones,

Cuando tú tomas la batuta,

Envidio a los simples, conformes con un te quiero,

Pero admiro más a los poetas, que logran contarme más de ti,

Sobre los sentimientos que no sabía sentir.

LA CONSTANTE

Desde que aprendí a desear,

Me gustan los cambios,

Antes quería besarte,

Ahora me gusta hacerlo,

Es que tus labios,

Antes me parecían lindos,

Ahora son lindos y deliciosos,

Me gusta esta manera,

Donde tú eres la constante,

Entre un deseo que muere,

Y el otro que se crea.

ALL-IN

Llevo toda nuestra coincidencia, concentrado en tu sonrisa,

Que sólo necesitaba tomarla,

Dos veces al día, mínimo para ser feliz,

Pero tú cuerpo se llenó de gestos, tus bailes espontáneos,

Tus giros impredecibles, hasta peinarte para despejar tu mirada,

Se convirtió en motivo de goce,

Pero en una de esas veces, esa pacífica mano, acomodó,

Sutilmente detrás de tu oreja el cabello,

Quedé absorto, descubrí que en tú mirada soy, que ahí existo,

Que esas esferas me siguen,

Reconociendo la historia de este personaje,

Y les intriga qué pasará, brillan por mí, o para mí,

Así acaban las crisis existenciales,

Pues se me reconoció la existencia, por eso apostaría todo,

En esas casillas color café.

PENSÁNDO-TE

Está es la obviedad de la vida, ni milagro, ni destino,

Es más compleja que cualquier narrativa,

Que podamos imaginar o intentar explicar,

La infinidad de coincidencias,

Los millones de años, los trillones de moléculas,

La necesidad, la entiendo, de inventarse el misticismo,

Para contarnos una versión fácil de lo real,

Que está ahí, indiferente a nosotros,

Complejo desde la singularidad hasta la totalidad,

Y sin saber en qué punto de la escala, o en qué punto del espacio,

Nos estamos preguntando, si esto es consecuencia o causa,

Si el sentido creó a Dios o Dios al sentido, si cuántico o relativo,

Si sé o no sé, al final solo sé,

Que la magia no existe, pero tú sí.

CELEBRANDO

Me hiciste volver a escribir para esta fecha,

Donde solo los suertudos reciben flechas,

Yo tan esquivo e indiferente, tan serio y elocuente,

Tú tan contundente y distinguida, tan presente y exquisita,

Me hiciste volver, y aquí estoy buscando palabras,

Que se ajusten a mis deseos, que ojalá sean los tuyos,

Para eclipsar la vida con dos abrazos,

Al mundo con dos gestos,

Y a la luna con dos mil besos,

Pero, cuántos deseos cumplidos son necesarios para destruir el amor,

Podré tener los suficientes, para amarte toda la vida.

RECUÉSTATE

Quiero contarte sobre mi pecho, de cuando es tu almohada favorita,

Y desaparece el desorden en su interior,

Pero no puedo contarte más,

No sé cómo hacerlo, no sé cómo se dice,

Ojalá la onomatopeya de mi suspiro, te expliqué,

Porque no tengo palabras, para la experiencia de mirarte,

Ni para una caricia de tu aroma, en mis pulmones distraídos,

Llenos de nada y vacíos de todo,

Podría explicarte el contraste, que dejas cuando pasa tu efecto,

Entre el ruido que habita, y el silencio que dominas,

Al respirar, mientras tu cabeza,

Está a una exhalación, de casi tocar mi corazón,

Que te dice en pequeños empujoncitos, que maravilla tu.

10/10/AA

No siento que este día sea diferente, pues desde que te conozco,

Todos los días que te sienta, son especiales,

Tú existencia ha sido, es y será,

De las coincidencias más hermosas del universo,

Que la vida llegara a concluir en ti, no la explica,

Ni le da el sentido que no necesita, pero la llena,

La llena, de poemas, sonrisas, preguntas, comidas y abrazos,

Además, la desborda, de sueños, cielos, amor y recuerdos.

De suspiros, largos y placenteros,

Ojalá algún día te vieras con mi subjetividad,

Y así entendieras lo que te sientes,

Pues el lenguaje nunca le hará homenaje,

Hoy lo que llamamos tiempo, dice que es tu día del año,

En memoria de que, en algún momento,

Dejaste la tumba de los átomos,

Para ser, y lo mejor de todo para ser tú,

Tú y solo tú, un diez de diez.

Qué maravilla, qué emoción,

Que felicidad, celebrare y decirte

Feliz cumpleaños mi amor.

SUERTE

Coincidir en espacio y tiempo es improbable,

Coincidir en etapas y madurez, solo aumenta el valor,

Coincidir en deseos y besos, lo vuelve absurdo,

Coincidir en preguntas y silencios, es inconcebible,

Y aquí estamos imposibles, pero reales,

En un mundo de abstracciones simbólicas,

Que construimos para nosotros mismos,

Donde el aire del silencio es otro aire,

Donde el lenguaje es inútil,

Ante la violencia con la que tú sonrisa destruye mi repertorio,

Y el remate de tu mirada acaba con lo poco que puedo improvisar,

Sin embargo, reunimos todos los sentidos en los labios,

Para contarnos lo que no existe en palabras.

EN BLANCO

Hoy, en una noche de soledad,

Dejo caer mi cuerpo, en una sorpresa involuntaria,

Que dejó tu paso por mi cama, me estrelle con tu aroma,

Y mi mente empezó andar, recordó cómo sentimos,

En cada centímetro de tela,

Aceleró entre los recuerdos de ti, arriba y abajo,

Se detuvo un poco ante tus gemidos y apretones,

Freno totalmente en la humedad de tus besos,

Temblorosos y agitados,

Y aparco ahí para admirarte,

Sudada, mojada, empapada,

Intentando descifrar,

Si estabas con los bordes difusos, con el pecho infinito,

Con las piernas estrelladas y por fin,

Con la mente en blanco.

NO LO SÉ

Cuando te veo a los ojos, yo no veo una función de onda,

No veo una complicada colección de átomos,

Inmersa en una sinfonía de reacciones químicas,

No veo un desenlace psicológico de apegos,

Ni traumas, que expliquen mi admiración por ti,

No veo que ninguna rama del conocimiento,

Logre contarte porque mi pecho es tuyo,

Pues, en él late la vida con todos sus matices,

Cada que sabe de tu existencia,

Veo que nunca sabré porqué siento lo que siento,

Ni explicando la teoría del todo,

Le haría una justa interpretación,

A un abrazo de tu amor.

AQUÍ ES

Vuelvo a estos renglones, porque mi musa,

Mejor llamada tu sonrisa, causó emociones,

Libres de razón, libres de sentido,

Pues solo mis venas y mi pecho,

Saben la placentera experiencia,

De ver tus mejillas en acción,

Tus rosados labios descubriendo,

A través de una perfecta curva,

Ese blanco pacifico,

Que enciende mi vida,

Vaya dilema multisensorial, en el que me encuentro,

Porque cada vez que me enfrento a esa curva,

La tomó lentamente,

Deseando frenar ahí, para siempre.

EL PRIMERO

Que placentero, ese gesto de tu existencia llamado sonrisa,

Mi piel ansiosa, al tacto de tu proximidad,

Que toca en todo mi ser, pacifico por tu presencia,

Acompañada de bajas notas,

Que comunican placeres,

Gracias por construí mis deseos,

Pues mi primera vez fue

En la experiencia de tus ojos.

TOMÁNDO-TE

Hoy no fue solo tu sonrisa, la que pausó mi día,

Pues tu pelo lacio, sirve de marco a ese retrato,

Donde se reúnen todos tus gestos,

Que despiertan mi vocabulario, y encienden los cumplidos,

¿Cuál elegir? con cuál te hago justicia,

¿Será muy violento ponerte en palabras?

O mejor entiendes mi suspiro,

Y el brillo de mis ojos, entrecerrados por mis pómulos,

Que ceden ante la respuesta inconsciente de mis labios curvos,

Otra vez fui puro instinto,

Otra vez me drogaste,

Otra vez perdí la razón,

Y aquí ya consciente con tu recuerdo,

Pero sin tu dosis, espero entre estas líneas,

Volver al hermoso estado de ebriedad de ti.

CERCA

Recuerdo cuando fuiste el casi algo,

Que estuvo a casi nada de serlo todo,

Recuerdo esa intermitencia,

De nuestros encuentros, de nuestras charlas,

Recuerdo no sentirme listo, atemorizado, Estúpido,

Pero aprendí, que se pueden dar pasos con miedo,

Pero se dan mejor con ilusión,

Y quería decirte que,

Gracias por quedarte a tu manera,

Por haber sido y seguir siendo,

Por volver una última vez,

Todas las veces.

VES ANDO EN GLOBO

Siempre me gusto la playa, a veces me recuerdo en una,

Solitario sintiendo el horizonte,

Sentado en el desierto de lo predecible,

Seguro de qué hay olas suficientes,

Para cada vez que quiera usarlas,

Solo ir hasta esos bordes a sentirlas,

Sin importar su estado indiferente,

Vagando por esos momentos, pensando en el mar,

Me di cuenta, que así te siento, igual,

Todo es verano con viento,

Necesitaba ponerte en ese recuerdo,

Tus bordes y los del mar juntos,

Tu mirada con un poco de eterno, midiendo el tiempo,

Yo admirando, viendo cómo lo paras,

Como tres imponentes azules,

Se detienen ante dos cafés brillantes,

De una tierna niña.

Te puse en más escenarios,

Para ver tus poderes de existir,

No volví a sentir el latido del tiempo,

¿Alguna vez alguien se ha sentido así?

¿Seré la primera persona en toda la historia?

Y me di cuenta de que mi sueño,

No era volar en globo,

Era besarte allá arriba.

ÁBREME CON CUIDADO

Soy tu regalo de cumpleaños, un canto de alegría desbordada,

Nunca me hiciste escribirle a tu ausencia,

Siempre me has hecho contar con tú presencia,

Se que las palabras me fallarán, en este intento de celebrarte,

Pero tengo recuerdos listos para agradecerte,

No se imagina el primer beso, donde lo hemos repetido,

Ni el primer abrazo, donde lo hemos llevado,

Las alturas a las que estuvieron, las profundidades que visitaron,

Ni el interior de una nube, se salvó de lo nuestro,

Qué fácil amar esa sonrisa,

Mientras presientes atardeceres dorados,

Pero, cuando atraviesas inciertos futuros,

O bordeas certeros pasados,

Para mojar con tus ojos inundados,

Mi confianza, también te siento,

Pues solo tengo palabras prestadas para ti,

Con unas silenciosas miradas, que no servirían de nada,

Si tu próximo suspiro, no fuera el punto final del lenguaje,

Y los dos puntos de la inspiración,

Pues tú, mi amor hermoso,

Sientes como un ídolo a seguir,

Sonríes y acaricias, lloras lo justo,

Pero abrazas de sobra,

Sin fuertes armaduras de razón, enfrentas el indiferente mundo,

Dándole dosis perfectas a cada día, a cada emoción,

Nunca llegaste tarde abrazarme,

Siempre fuiste temprano a besarme.

A VECES ME PREGUNTO

En donde aprendí a enamorarme de ti,

En qué parte de mi historia te construí,

Qué días sumaron para desearte,

Que canción siempre quise dedicarte,

Cuál película me hizo soñar contigo,

Cuál poema me ilusionó a contarlo,

Todo estaba, solo faltabas tú,

Ya lo tenía todo, y lo compartí,

Tus ojos atentos se expandieron,

Para que entraran todos mis motivos,

El poema que me motivó amar fue amado,

Esa película con paisajes fue vivida,

Y la canción cantada, fue al concierto,

Todo eso ya estaba, solo faltabas tú,

Ya lo tenía todo, y te conocí,

Ya lo sabía todo sobre el amor,

La historia desbordada de arte me lo contó,

Luego tú me acariciaste,

Y los huesos aprendieron a sentir, igual que el corazón,

Luego tú me abrazaste,

Y los besos crearon cielos, cálidos y silenciosos,

Luego tú me preguntaste,

Y los versos crecieron, hasta un poema que canta.

FECHAS

Anote nuestra primera fecha,

Lo creí importante de recordar, no pasaron muchos días,

Y sentí la necesidad de anotar una fecha más,

Pensando que sería memorable,

Tal vez, un homenaje, un aniversario,

Una semana más, otra fecha he de anotar,

Mi cuaderno se empezó a llenar,

Semillas de memoria, para que no crezca el olvido,

Números con sentido, títulos con ilusión,

Recuerdo anotar un día dos veces, un mes entero sin fallar,

Al final lo especial fue el año, que merecido fue celebrar,

Tal vez cada fecha no tenga su brindis,

Tal vez la cantidad banalicé, tal vez exageré,

Tal vez siempre te amaré.

PROFESIONAL

Iba hacer una metáfora, jugar con las palabras,

Llenar de ejemplos nuestros abrazos,

Como la oscuridad que abraza la estrella,

Y ella brilla en millones de kilómetros,

Pero no,

Soy capaz de contarte estrictamente,

Cómo te sientes, en mi pecho, claramente,

Porque es ahí, donde tú tacto, empieza su reacción,

La piel es un sensor que se dilata al sentirte,

Mis pulmones toman bocanadas de paz,

Esa que te rodea con aroma a hogar,

Así eliminas el cortisol de mi sangre,

Abro los ojos y ahí estás,

Rodeándome, llenando tus palmas,

Con mi espalda, y tu pecho con el mío,

HIPÓSTASIS

Algo pasa de mí corazón al tuyo,

Cierro los ojos de nuevo, pero lo veo,

Es un lápiz y un papel,

Algo se devuelve de tu corazón al mío,

Todos mis órganos se reúnen, para ver tu autógrafo,

Abro los ojos inundados de orgullo,

Para ver tu sonrisa y besarla,

Se me acaba el cuerpo y las palabras,

No sé cómo más felicitarte,

No sé cómo ser un mejor fan,

Solo sé mirarte y ser feliz.

TU PRESENCIA

La rueda se inventó hace mucho, la música igual,

La carretera, un ingrediente más,

Para la historia de amor, que deseo contar,

El timón en la izquierda, en mi derecha tu pierna,

Y Mi cuello en tu palma,

El sol de siempre, sobre los cultivos de siempre,

Pero con un filtro diferente,

Todo es más bello, de repente, hermoso se sentía,

El aire acondicionado con tu aroma,

Y mis sentimientos en la banda sonora,

No sabemos cantar, Pero rimamos al besar,

Desafinando todas las notas, afinamos un recuerdo de admirar,

Las canciones de siempre, los mensajes de siempre,

Pero con un filtro diferente,

HIPÓSTASIS

Tu presencia, decoro todo con belleza,

Tus risas entre cantos, tus atardeceres entre miradas,

Tal vez no pueda verme con tus ojos,

Pero si ver el mundo con tu filtro, con tu mano enredada en la mía,

Volviste lo de siempre diferente,

Súbele a la música, haz las llantas eternas,

Y la carretera infinita,

Solo en este momento, tienen sentido estos inventos,

Podemos ir a 100 horizontes por año,

El mundo de siempre, Pero, contigo siempre.

VAMOS AMOR

Tú que conoces mis promesas, volví a comprar una ilusión,

Unos nuevos temas de imaginación, tú y yo, verano y viento,

Una vez más, vamos a esperar, ansiosos o pacientes,

Igual llegará, igual llegaremos,

Tomaremos otro avión,

Nos besaremos en otra playa,

Una cama más que abarcar,

El sol de siempre, La sonrisa de siempre,

Es todo lo que quiero presente, Para un horizonte diferente,

Vamos amor, vamos a hacer el amor,

En otra latitud, tú solo mira el cielo,

Para yo verte con ese fondo,

Naranja o violeta, Blanco o gris, Azul o negro,

Tu solo míralo, y déjame verte,

Como una inspiración más,

Decora el paisaje, decora mi vida,

De cora te amo,

De corazón este es mi regalo.

OMITIR

Yo sabía que sentía, cuando la veía,

No quería esperar meses, ni protocolos,

Quería una gran historia, dos deseos que se encuentran,

Saltarse las palabras, el yo soy y tú eres,

Besarse y ya, porque mi cuerpo lo pide,

Compartir fluidos, eso quiere, así sentimos, pero no lo aceptamos,

¿Por qué decorarlo?, Seguridad nunca habrá,

A qué jugamos, para besarnos,

Al yo tengo y yo hice, al yo soy y yo haré,

Al yo sé y yo seré,

Puedes ser inspiración, pero nunca deseo,

Ven bésame, antes de que vuelva el tiempo,

Un ritual más, un ritual menos,

Vamos a hacer el amor, le propuse,

No me conoces, me contestó,

Tengo toda la vida para hacerlo, le dije.

¿SI FUERA EL SOL?

El calendario me pidió mirar arriba,

Y la noche creciente me sonreía,

Habías firmado las estrellas,

Con la tinta de tu espalda,

Indeleble como tus sentimientos en los míos,

Una vez, cada mes, busco la intemperie,

Para imaginarte en el cielo,

Gigante cruzando el infinito,

Yo te veo dibujada, por miles de soles,

La constelación más bella,

Con tu luna de referencia,

Sé que solo es un tatuaje,

Permanente si lo quieres,

Como yo a ti.

SI FUERA EL SOL

De pronto un poema diario tendrías,

Al imaginarte iluminando mi día,

Porque cada historia,

Disputa los átomos de la memoria,

Recuerdo cuando se hallaron,

Nuestros ojos y sonó un beso,

Mi labio suspirando, esperando tu labio que suspira,

Mi propuesta amorosa, esperando tu respuesta victoriosa,

Un año, muchos meses, incontables días,

Escuchando yo este poema, que mi mente enamorada reproducía,

Esperando que el arte lo vistiese, de palabras con armonía,

Pues no todo lo que siento tiene forma, tampoco lenguaje,

Tus abrazos trascendieron, tus besos amor dieron,

Tus miradas paz consiguieron, mis emociones ascendieron,

HIPÓSTASIS

Explosiones en mi pecho, pintaron todo de color cielo,

Donde mi corazón es un sol, como el tuyo de nuevo,

Entonces eres el sol, dándole una sonrisa a la luna,

Y a mi vida.

ESTALLAR

Quiero abrazarte diferente,

Vamos al fondo del mar,

Toneladas de agua nos aprisionan,

Pronto estallaremos, pronto te daré,

Un abrazo con toda la fuerza del mundo,

Extremo se siente mi cuerpo, amarte en Marte,

Sin aire, sin vida, en rojo,

Pronto estallaremos, pronto te daré,

Un beso con todo el espacio del cosmos,

Quiero más,

Quiero hacerlo en un huracán,

En un volcán, Volando,

En un tsunami, girando,

En una cascada, cayendo,

Este delirio, estás ganas,

Esos paisajes vírgenes,

Traigan tigres y leones,

Les enseñamos,

Orcas y calamares,

Bombas y cometas,

Relámpagos y soles,

Hoy me siento eterno,

Hoy me estallo,

Hoy me dijo te amo.

SUTILMENTE

Le diré que es amable, suena modesto,

Muy sutil, pero realmente no lo es,

Sera un gran truco,

Justo antes de irse, tomare sus manos,

Mirare sus ojos, tomare de su aire,

Sera un gran momento,

Solo es un cumplido, creerá ella,

Pensara que me agrada, pero no tanto todavía,

Es solo una palabra, no dice gran cosa,

Eres muy amable, suena cordial,

Justo para un primer paso,

Si, se lo diré, seré honesto,

Con esa palabra, camuflaré todo,

No la asustaré, nunca sabrá,

Mi emoción por amarla,

Llegamos a su puerta, gran noche,

La cita, estaba por terminar,

Aun reía de sus propios chistes,

Y suspiraba entre silencios,

No me dejaba concentrar, cada gesto era hermoso,

Quería decirle la palabra, buscaba el momento exacto,

El silencio se prolongó y abrió la puerta,

Tome sus manos rápidamente, la mire a los ojos,

Suspire todo el ambiente, y acción,

Le dije, **Eres digna de amar**,

El tiempo se paró, igual que mi mente,

Le dije el significado, no la palabra,

Falle estrepitosamente, serendipia,

Dos años después, el tiempo aun no avanza,

Aun me besa, amablemente.

PREPÁRAME

No me gustaban las recetas del amor,

Al final siempre era amargo,

Tenia que salir de él rápido,

Hasta que tu lo preparaste, de otra forma,

Diferente, espontaneo, prudente,

La cocción al vapor, los cortes finos y justos,

Aderezos y postres,

Todos los ingredientes, impecables,

Frescos, en su punto, deliciosos,

No era alérgico a ninguno,

Donde esconderás tu huerta, cuáles serán tus aguas,

Cocíname otro recuerdo, prepárame a mí,

Desayuno por ti,

Tu solo tócame o llámame, di mi nombre,

Me gusta cómo te suena,

HIPÓSTASIS

No me gustaba el amor, hasta que tú lo preparaste,

Ya no era comer por comer, porque tenía hambre,

Ya es placer por placer, porque soy amado,

Si yo tuviera un placer, que a usted le faltara,

Me encantaría brindárselo.

HIPÓSTASIS

EPÍLOGO

Las vidas que hay disponibles, son las culpables de este deseo, manifestado en versos, llenar páginas con el fin de darle forma, a lo insatisfecho que me deja el mundo en general, un siglo donde el futuro se siente una condena, dictada por el ismo de turno que propone nuevas categorías para dividir a la humanidad; o a lo que seamos; o a lo que nos convirtamos.

Tener la oportunidad de crecer en el estereotipo general, asistido desde la limitada clase media, fue la infancia y adolescencia fácilmente feliz, adultos que, sin saber educar, educaron; sin saber hablar, aconsejaron; sin capacitarse, dieron todo lo que tenían, adultos que mis preguntas ofendieron. Ahora que me acerco a ser uno de ellos, cuestionando porqué el mundo llegó a esto, y porque aceptaron las vidas disponibles, levanté murallas entre su lenguaje y el mío, cada pregunta nueva, era un ladrillo más.

De mi lado de la muralla empecé a buscar adultos vivos o muertos que intentaron evitar este presente, y así apacigüe mi sentimiento de soledad, pero nunca el de ESTO está mal, el de ESTO no debería ser así, pues yo vivo las consecuencias del pasado, sin embargo, espero que esos adultos lograrán cambiar algo y esta es una mejor versión de la catástrofe.

El mundo general es una idea, con conclusiones negativas para la mayoría, sin embargo, todos habitamos particularidades, donde lo posible está dentro de las leyes naturales que definen la materia. desde aquí, en el tercer mundo, con la capacidad de conocer y experimentar el desarrollo acelerado de la materia en los nortes, con los privilegios que me permiten derrochar tiempo en el aburrimiento silencioso, que me llevaron a preguntas, guiadas por la comparación, termine leyendo para responderme, en una batalla de atención entre la sociedad del espectáculo, las vida disponible para ser vivida y el ocio de leer filosofía, poemas, corrupción política y divulgación científica, mi particular vida, agradable en su mayoría, rodeada de personas amables, con buena voluntad pero negligente, se ve afectada fenomenológicamente por la incertidumbre del mundo general, esa idea que abarca todas las atrocidades de la historia y cómo se manifiestan en el presente que habito, donde tal vez mi vida y la de pocos privilegiados puede ser el ideal de faraones, emperadores, reyes, aristócratas o figuras de poder que no vivieron esta gastronomía, ni la tecnología digital o simplemente la analógica de un colchón, no pudieron volar para ver su planeta, y su insignificante existencia. La lista es larga, donde la cotidianidad actual, decorada por la modernidad y sus atributos, es más cómoda físicamente que el pasado, pero el lenguaje nos ha superado y creamos conceptos que nos aplastan, inofensivos como letras, quimeras como ideas, demoledores como sentimientos.

Inspirado por estos adultos, una sed de conocimiento y mis deseos,

Escribí cada vez que sentía una idea; una injusticia; una caricia; una pregunta, y así, sin intentar, ni esperar nada, existió este poemario como consecuencia, nunca como fin, y ahora me causa curiosidad, si el otro, con el que coincido a través de este canal, me reconocerá como poeta novato o filósofo infantil, si me pondrá en su librería al lado Nietzsche o Emily Dickinson.

Si en 200 años alguien dialogará conmigo,

Si mis adultos me entiendan, antes de que se me acabe el tiempo.

Escrito después (P.D): Contágiate del deseo de escribir para encontrar o inventar preguntas, espero lograr otra oportunidad.

HIPÓSTASIS

Fin.

— La literatura, ya sabemos,
está hecha por dioses pequeños e impacientes
y a menudo rabiosos
que adoran lo que existe y, sin embargo
viven de consagrar lo que no existe.

Piedad Bonnet

Made in the USA
Columbia, SC
24 September 2024

42444191R00088